Ernst Probst

Die Arbon-Kultur in der Schweiz

Eine Kultur der Frühbronzezeit von etwa 1800 bis 1600 v. Chr.

GRIN - Verlag für akademische Texte

Der GRIN Verlag mit Sitz in München hat sich seit der Gründung im Jahr 1998 auf die Veröffentlichung akademischer Texte spezialisiert.

Die Verlagswebseite www.grin.com ist für Studenten, Hochschullehrer und andere Akademiker die ideale Plattform, ihre Fachtexte, Studienarbeiten, Abschlussarbeiten oder Dissertationen einem breiten Publikum zu präsentieren.

Dokument Nr. V182036 aus dem GRIN Verlagsprogramm

Ernst Probst

Die Arbon-Kultur in der Schweiz

Eine Kultur der Frühbronzezeit von etwa 1800 bis 1600 v. Chr.

GRIN Verlag

Bibliografische Information der Deutschen Nationalbibliothek: Die Deutsche Bibliothek verzeichnet diese Publikation in der Deutschen Nationalbibliografie; detaillierte bibliografische Daten sind im Internet über http://dnb.d-nb.de/ abrufbar.

1. Auflage 2011
Copyright © 2011 GRIN Verlag
http://www.grin.com/
Druck und Bindung: Books on Demand GmbH, Norderstedt Germany
ISBN 978-3-656-05478-8

*Krieger aus der Frühbronzezeit in der Westschweiz.
Ausschnitt aus einer Zeichnung
von Friederike Hilscher-Ehlert, Königswinter,
für das Buch »Deutschland in der Bronzezeit« (1996)
von Ernst Probst*

Ernst Probst

Die Arbon-Kultur in der Schweiz

Eine Kultur der Frühbronzezeit
von etwa 1800 bis 1600 v. Chr.

Widmung

Dr. Gretel Gallay,
Dr. Albert Hafner und
Dr. Jürg Rageth
gewidmet,
die mich bei meinem Buch
»Deutschland in der Bronzezeit« (1996)
unterstützt haben,
sowie der wissenschaftlichen Graphikerin
Friederike Hilscher-Ehlert

Inhalt

Vorwort / Seite 11

Die Frühbronzezeit in der Schweiz
Abfolge und Verbreitung
der Kulturen und Gruppen / Seite 13

Rückkehr an die Seeufer
Die Arbon-Kultur
von etwa 1800 bis 1600 v. Chr. / Seite 19

Anmerkungen / Seite 47

Literatur / Seite 51

Bildquellen / Seite 59

Die wissenschaftliche Graphikerin
Friederike Hilscher-Ehlert / Seite 61

Der Autor Ernst Probst / Seite 63

Bücher von Ernst Probst / Seite 65

*Der dänische Archäologe
Christian Jürgensen Thomsen (1788–1865)
hat 1836 die Urgeschichte
nach dem jeweils am meisten verwendetem Rohstoff
in drei Perioden eingeteilt:
Steinzeit, Bronzezeit und Eisenzeit.*

Vorwort

Eine Kultur, die in der Frühbronzezeit von etwa 1800 bis 1600 v. Chr. im nordostschweizerischen Mittelland existierte, steht im Mittelpunkt des Taschenbuches »Die Arbon-Kultur in der Schweiz«. Geschildert werden die Siedlungen, Kleidung, der Schmuck, die Keramik, Werkzeuge, Waffen, Haustiere, Jagdtiere, das Verkehrswesen, der Handel und die Religion der damaligen Ackerbauern, Viehzüchter und Bronzegießer.

Verfasser dieses Taschenbuches ist der Wiesbadener Wissenschaftsautor Ernst Probst, der sich vor allem durch seine Werke »Deutschland in der Urzeit« (1986), »Deutschland in der Steinzeit« (1991) und »Deutschland in der Bronzezeit« (1996) einen Namen gemacht hat.

Das Taschenbuch »Die Arbon-Kultur in der Schweiz« ist Dr. Gretel Gallay (heute Callesen), Dr. Albert Hafner und Dr. Jürg Rageth gewidmet, die den Autor mit Rat und Tat bei seinen Recherchen über Kulturen der Bronzezeit unterstützt haben. Es enthält Lebensbilder der wissenschaftlichen Graphikerin Friederike Hilscher-Ehlert aus Königswinter.

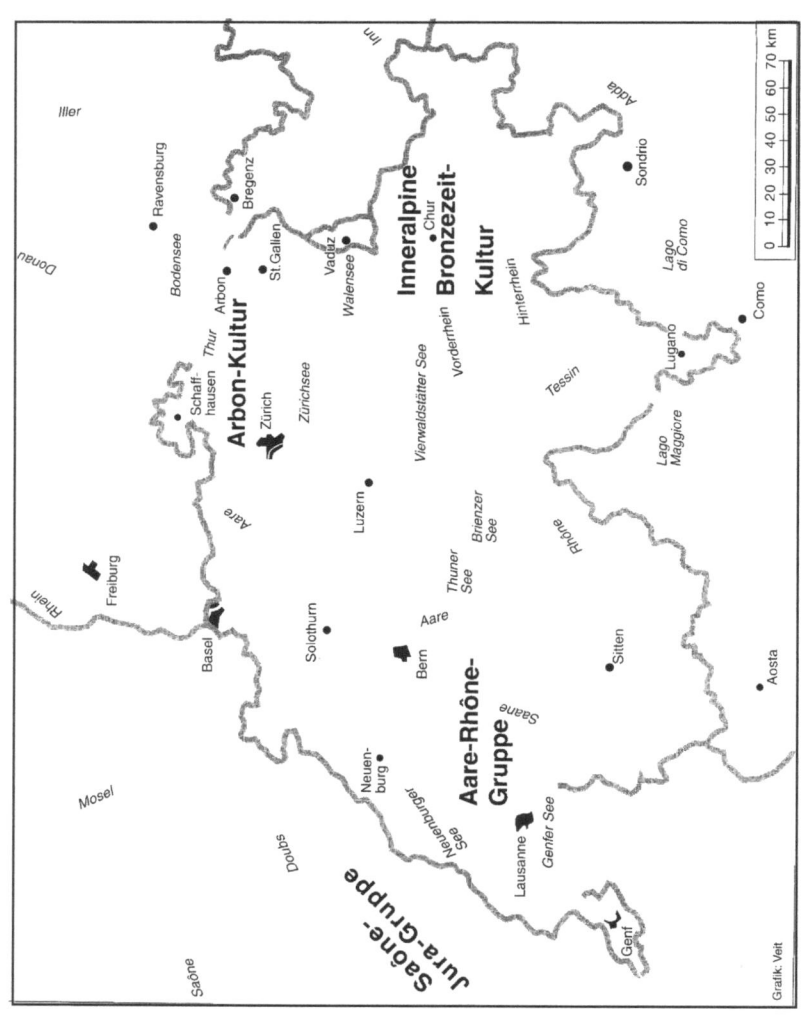

Verbreitung der Kulturen und Gruppen während der jüngeren Frühbronzezeit (etwa 1800 bis 1600 v. Chr.) in der Schweiz

Die Frühbronzezeit in der Schweiz

Abfolge und Verbreitung der Kulturen und Gruppen

Die Frühbronzezeit dauerte in der Schweiz etwa von 2300 bis 1600 v. Chr. Ihr erster Abschnitt, in dem noch weitgehend gehämmerte Metallobjekte hergestellt wurden, wird als ältere Frühbronzezeit bezeichnet. Der zweite Abschnitt dagegen, in dem man bereits massive Bronzeobjekte goss, heißt entwickelte Frühbronzezeit. In der Westschweiz existierte von zirka 2200 bis 1600 v. Chr. die Rhône-Kultur. Ihre ältere Phase von ungefähr 2200 bis 1800 v. Chr. ist bisher nur durch Grabfunde im Unterwallis und in der Region des Thuner Sees im Berner Oberland belegt. Während der jüngeren Phase von etwa 1800 bis 1600 v. Chr. existierten die westschweizerische Aare-Rhône-Gruppe und die ostfranzösische Saône-Jura-Gruppe.[1]

Die Funde aus der Zeit zwischen etwa 1800 und 1600 v. Chr. im nordostschweizerischen Mittelland werden der Arbon-Kultur (s. S. 19) zugerechnet. Nach der Altersdatierung von Hölzern aus Seeufersiedlungen im nordostschweizerischen Mittelland zu schließen, sind diese Dörfer erst in der ausklingenden Frühbronzezeit errichtet und bewohnt worden.

Zeichnung auf Seite 15:

*Bestattung eines bewaffneten und geschmückten Kriegers
der Rhône-Kultur (etwa 2200 bis 1600 v. Chr.)
in der Totenstätte von Sitten-Petit Chasseur im Kanton Wallis.
Er trägt einen nach oben spitz zulaufenden Hut,
wie er durch einen gleichaltrigen Fund
in Norditalien nachgewiesen ist.
Zeichnung von Friederike Hilscher-Ehlert, Königswinter,
für das Buch »Deutschland in der Bronzezeit« (1996)
von Ernst Probst*

Von den Relikten der Rhône-Kultur und der Arbon-Kultur unterscheiden sich die frühbronzezeitlichen Funde in weiten Teilen des Kantons Graubünden ganz deutlich. Deshalb spricht man dort von der Inneralpinen Bronzezeit-Kultur. Diese Eigenständigkeit setzte sich auch in der Mittelbronzezeit und teilweise noch in der Spätbronzezeit fort.

Bisher sind aus der ganzen Schweiz etwa hundert frühbronzezeitliche Siedlungsplätze nachgewiesen. Gräber kennt man vor allem aus den Kantonen Wallis und Bern.

CHRISTIAN STRAHM,
geboren am 1. Oktober 1937 in Niederwichtrach
im Kanton Bern (Schweiz).
Er promovierte 1961 in Bern
und arbeitete zunächst
am Bernischen Historischen Museum, Bern.
1964 ging er an die Universität Freiburg/Breisgau,
wo er sich später habilitierte
und seit 1977 als Universitätsprofessor wirkte.
Von 1976 bis 1986 war er
als außerordentlicher Professor
an der Universität Bern tätig.
1987 hat Strahm
erstmals den Begriff Arbon-Kultur verwendet
und 1992 genauer definiert.

Rückkehr an die Seeufer

Die Arbon-Kultur

Die archäologischen Funde aus der Zeit von etwa 2200 bis 1600 v. Chr. im nordostschweizerischen Mittelland werden meistens keiner bestimmten Kultur, sondern lediglich allgemein der Frühbronzezeit zugeordnet. Während im westschweizerischen Mittelland und im Kanton Wallis zahlreiche Gräber entdeckt wurden, kennt man aus der Zentral- und Ostschweiz nur einen einzigen gesicherten Grabfund aus Rümlang im Kanton Zürich.

Aus der älteren Frühbronzezeit von etwa 2200 bis 1800 v. Chr. liegen in der Zentral- und Ostschweiz bisher fast nur bronzene Beilklingen vor. Reicher sind dagegen die Funde aus der jüngeren Frühbronzezeit von etwa 1800 bis 1600 v. Chr. Die Hinterlassenschaften aus diesem Abschnitt am schweizerischen Bodenseeufer sowie gebietsweise im südlichen Baden-Württemberg und Bayern rechnet man der Arbon-Kultur zu.

Der Begriff »Arbon-Kultur« wurde 1987 von dem aus der Schweiz stammenden und später an der Albert-Ludwigs-Universität Freiburg/Breisgau lehrenden Prähistoriker Christian Strahm vorgeschlagen. Dagegen sprach 1992 der Freiburger Prähistoriker Joachim Köninger von der »Arboner Gruppe«. Beide Begriffe werden momentan synonym verwendet.

Bei der Namenswahl bezog sich Strahm auf die Seeufersiedlungen von Arbon-Bleiche 2 am Bodensee im Kanton Thurgau, die 1945 unter der Leitung des Prähistorikers Karl Keller-Tarnuzzer (1891–1973) aus Frauenfeld untersucht wurden. 1990/91 erfolgten Grabungen durch das Amt für Archäologie des Kantons Thurgau.
Nach den Erkenntnissen von Botanikern wuchsen während der Bronzezeit im Mittelland vor allem Wälder mit einem hohen Anteil von Buchen und Weißtannen. In klimatisch begünstigten Gebieten gediehen zahlreiche Eichen. Zur Tierwelt in den Wäldern gehörten unter anderem Rehe, Hirsche, Wildschweine und Braunbären.
Von der Kleidung der damaligen Menschen blieben meistens nur die bronzenen Nadeln erhalten, mit denen die Garderobe zusammengehalten wurde. Die Nadeln haben im Kopfbereich eine Vorrichtung zum Befestigen eines Fadens, mit dessen Hilfe sie so am Gewand fixiert werden konnten, dass sie nicht aus dem Stoff herausrutschten. Vielleicht hat man Stoffe mit schwarzen Holunderbeeren gefärbt, die in Zürich-Mozartstraße häufig gefunden wurden. Zum Verzehr in großen Mengen waren solche Beeren ungeeignet, da sie dann wie Gift wirken.
Die frühbronzezeitlichen Siedlungen wurden an Seeufern, an Flüssen und auf Bergen errichtet. Bisher sind aus der Zentral- und Ostschweiz etwa 50 Siedlungen aus dieser Phase bekannt. Baumfreie Seeufer boten in Zeiten ohne Hochwasser ideale Bedingungen. Dort

mussten die Siedler keine Bäume roden und sie konnten die für die Häuser erforderlichen Pfosten leichter in den weichen Untergrund rammen als auf trockeneren Standorten. Zudem konnten sie mit Einbäumen fischen sowie schwere und sperrige Lasten transportieren.

Bei den Seeufersiedlungen legte man Wert darauf, die rechteckigen Häuser in Zeilen anzuordnen. Die Höhensiedlungen – wie jene auf dem Wartenberg ob Muttenz[1] im Kanton Basel-Land – bestanden aus Anwesen mit steinernem Fundament und Holzoberbau.

Die Behausungen der Seeufersiedlungen waren aus einem Holzgerüst mit senkrecht stehenden Stangen konstruiert, deren Zwischenräume mit Zweiggeflechten gefüllt und mit Lehm verputzt wurden. Palisaden verliehen vielen Seeufersiedlungen eine gewisse Wehrhaftigkeit.

Altersdatierungen von Hölzern aus frühbronzezeitlichen Seeufersiedlungen ergaben, dass diese Dörfer allesamt erst in der späten Stufe nach 1650 v. Chr. angelegt wurden. Zwischen den letzten Hölzern aus der Jungsteinzeit und den ersten aus der Frühbronzezeit klafft eine Zeitlücke von Jahrhunderten. Vielleicht eigneten sich die Randgebiete der Seen in diesem Abschnitt aus klimatischen Gründen nicht als Baugrund für Siedlungen oder es sind aufgrund veränderter Ablagerungsbedingungen keine Dörfer mehr nachweisbar.

Frühbronzezeitliche Seeufersiedlungen wurden unter anderem am Zürichsee (Kanton Zürich), Baldegger See

Zeichnung auf Seite 23:

*Rekonstruktion der jüngeren frühbronzezeitlichen
Seeufersiedlung von Zürich-Mozartstraße.
Ob dieses Dorf am Zürichsee
mit zehn Häusern in drei Reihen
tatsächlich von einer Palisade geschützt wurde,
gilt als nicht gesichert.
Zeichnung von Friederike Hilscher-Ehlert, Königswinter,
für das Buch »Deutschland in der Bronzezeit« (1996)
von Ernst Probst*

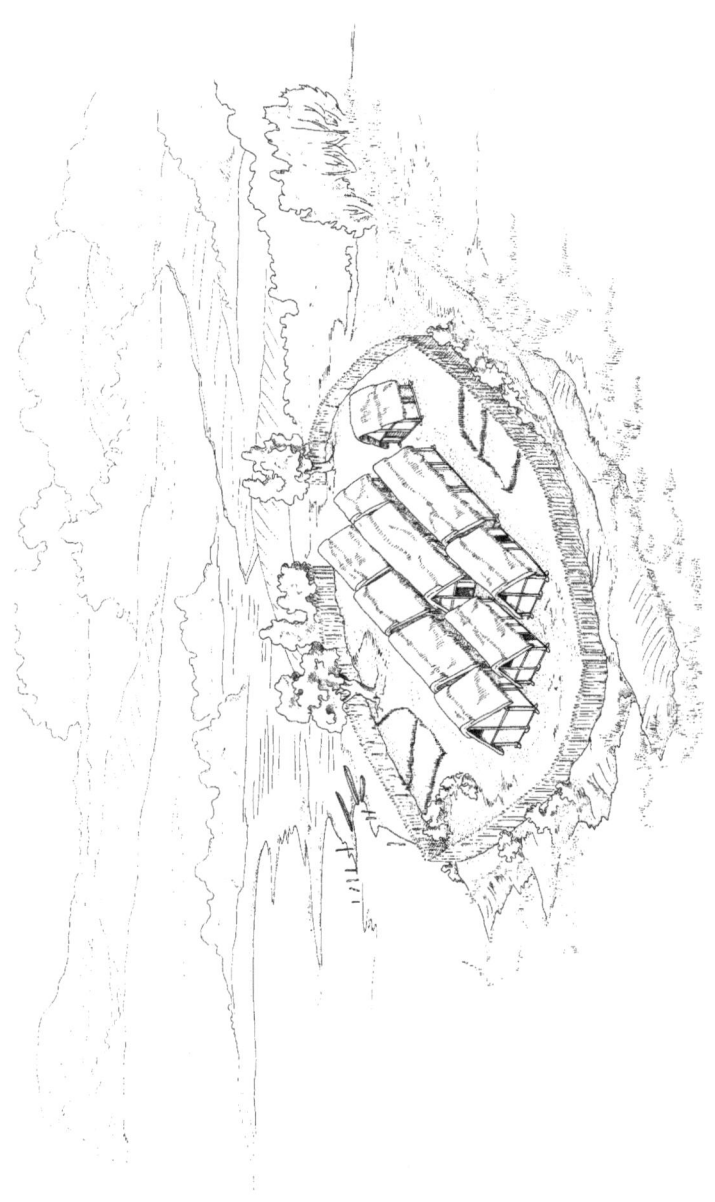

(Kanton Luzern), Bodensee (Kanton Thurgau) und Zuger See (Kanton Zug) entdeckt.

Die mit den Dörfern von Bodman-Schachen I am deutschen Bodenseeufer zeitgleichen Siedlungen von Zürich-Mozartstraße am Zürichsee können nicht der Arbon-Kultur zugerechnet werden. Denn das Inventar von letzteren Dörfern lieferte keine für die Arbon-Kultur typische reich verzierte Keramik.

Am Fundort Zürich-Mozartstraße[2] sind drei Seeufersiedlungen aus der Frühbronzezeit erforscht worden, wobei einzigartige Baubefunde erkannt wurden. Diese Bauerndörfer am Zürichsee hatte man kurz hintereinander errichtet. Das erste Dorf existierte vor 1630 v. Chr., das zweite Dorf von 1630 bis 1609 v. Chr. und das dritte Dorf nach 1609 v. Chr. Die Zürcher Prähistoriker Eduard Gross und Christoph Ritzmann haben 1990 die Seeufersiedlungen von Zürich-Mozartstraße in der Publikation »Die ersten Bauern« anlässlich einer gleichnamigen Ausstellung des Schweizerischen Landesmuseums, Zürich, detailliert beschrieben.

Zum ersten frühbronzezeitlichen Dorf am Zürichsee gehörten acht Gebäude, die durch schmale Gassen getrennt waren. Sieben der Bauten mit einer Mindestlänge von 5,50 Metern und einer Mindestbreite von 3,30 Metern dienten als Wohnhäuser. Das größte Wohnhaus war 6,60 mal 3,90 Meter groß. Ein kleineres zweitüriges Gebäude, das man neben den Behausungen errichtet und anders als diese ausgerichtet hatte, wird als Getreidespeicher interpretiert. In diesem Dorf lebten schätzungsweise 35 bis 50 Menschen.

Die Häuser in der Mozartstraße wurden alle nach dem gleichen Prinzip konstruiert. Zuunterst legte man zwei Längsschwellbalken aus halbierten, nicht entrindeten Stämmen von Erlen, Haseln, Weiden oder Buchen auf den blanken Boden. In diese Balken schlug man jeweils drei quadratische Zapflöcher für die Wandpfosten. Über den beiden Längsschwellbalken lagen zwei Querbalken. Die Wandpfosten aus Buchen-, Eschen- oder Erlenholz hatten eine Länge von 2,50 Metern. Davon war der Teil, der die Wandhöhe bestimmte, etwa zwei Meter lang. Die Wandpfosten hatte man unten zugespitzt. Sie steckten mit der Spitze in den Zapflöchern und endeten oben mit einer Astgabel, in welche die Wandpfette gelegt und festgebunden wurde.

Der Innenraum der Wohnhäuser wurde durch einen mittleren Wandpfosten zweigeteilt. In einer der beiden Hälften befand sich eine Feuerstelle, die durch unregelmäßig gelegte Steinplatten und einen Lehmverstrich verkleidet war. Die Prähistoriker vermuten, dass in jeder der Behausungen von Zürich-Mozartstraße eine kleine Familie lebte.

Das zweite frühbronzezeitliche Dorf von Zürich-Mozartstraße umfasste zehn Häuser in drei Reihen. In einer Reihe standen vier Häuser, in den beiden übrigen jeweils drei. Die Stirnseiten dieser Gebäude lagen dicht beisammen. Das größte Haus war 8,60 Meter lang und 4,22 Meter breit. Mit Ausnahme eines einzigen Gebäudes hatte man alle anderen einheitlich ausgerichtet. In diesem Dorf am Zürichsee lebten schätzungsweise 40 bis 50 Personen.

Die Häuser jenes Dorfes waren weitgehend nach dem Schema der erwähnten älteren Siedlung konstruiert. Allerdings dürften drei mehr als neun Meter lange Wohnhäuser – nach den Zapflöchern zu schließen – dreigeteilt gewesen sein. Die Gebäude dieses Dorfes waren mehr als in der älteren Siedlung aufeinander abgestimmt, was auf einen klareren Bauplan hindeutet.

Vor 1609 v. Chr. ist das zweite Dorf überschwemmt und zerstört worden. Über seinen Resten wurde aus vier kreuzweise übereinandergeschichteten Lagen von Baumstämmen ein 17,70 Meter langer und 11,20 Meter breiter Holzboden für das dritte Dorf errichtet und von einem Flechtzaun umgeben. Der Holzboden ist unterschiedlich als Dorf-, Viehstand-, Werk- oder Kultplatz gedeutet worden.

Das dritte Dorf wuchs allmählich auf 25 bis 35 Häuser an. Es wurde von einem Eichenzaun umgeben. Im Bereich dieser Siedlung hat man eine umgestürzte Flechtwand und zahlreiche aus Weißtannenzweigen geflochtene Ringe entdeckt, die als Verbindungen für den Oberbau der Gebäude dienten.

Dendrochronologische Untersuchungen von Hölzern des Fundorts Meilen-Schellen[3] am Zürichsee ergaben, dass auch dort in der Frühbronzezeit um 1650 bis 1640 v. Chr. eine Siedlung existierte. Am Zürichsee hatten schon um 4300 v. Chr. jungsteinzeitliche Bauern der Egolzwiler Kultur erste Dörfer gegründet. Später siedelten dort immer wieder Angehörige anderer Kulturen der Jungsteinzeit. Erst ab etwa 2500 v. Chr.

sind in diesem Gebiet keine Siedlungen mehr nachweisbar. Die ältesten Bauerndörfer der Frühbronzezeit am Zürichsee wurden nach einer ungefähr 900 Jahre dauernden Pause vor etwas mehr als 1600 v. Chr. errichtet.

Die Siedlung am Baldegger See[4] im Kanton Luzern hatte eine ovale Form. Ihr größter Durchmesser betrug 55 Meter, ihr kleinster 45 Meter. In den zehn oder zwölf Häusern des Dorfes wohnten etwa 80 bis 100 Menschen, die sich landeinwärts mittels einer mehr als 100 Meter langen Palisadenwand schützten. Für diese waren Baumstämme gefällt, standfest in den Boden eingegraben und miteinander verbunden worden. Das Bollwerk wurde an der am weitesten vom Seeufer entfernten Stelle durch ein sich nach innen öffnendes Tor unterbrochen.

Dass auch am schweizerischen Bodenseeufer frühbronzezeitliche Siedlungen existierten, wird am Fundort Arbon-Bleiche 2[5] im Kanton Thurgau ersichtlich. Die dort nachgewiesenen Seeufersiedlungen grenzten einst entweder direkt an den Bodensee oder an ein in diesen einmündendes Gewässer. Von den ehemaligen Seeufersiedlungen in Arbon-Bleiche 2 blieben vor allem Holzpfosten, liegende Hölzer und Keramikreste erhalten.

Bei 2400 geborgenen Pfosten handelt es sich um Reste der tragenden Bauteile der Häuser (Wand- und Firstpfosten) sowie um Überbleibsel von Palisaden und Zäunen. 870 liegende Hölzer stammen von abgebrochenen Pfosten und Konstruktionselementen der

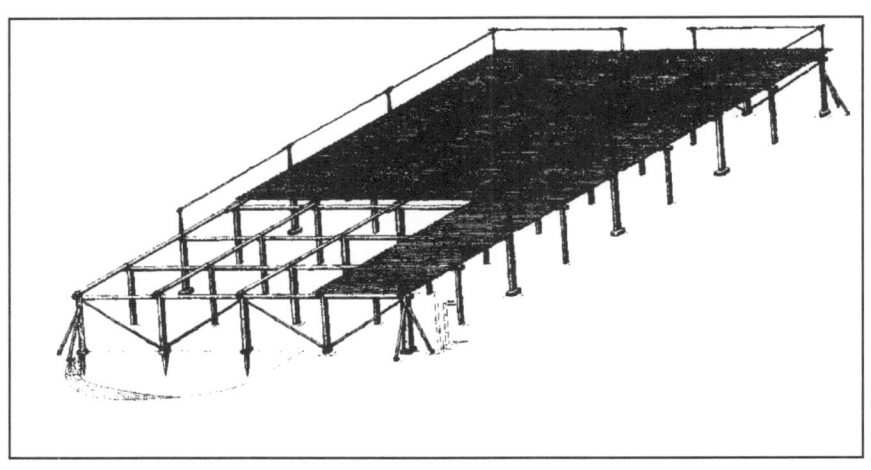

*Die Rekonstruktion einer Pfahlbauplattform
im Wasser des Bodensees
am Fundort Arbon-Bleiche 2
im schweizerischen Kanton Thurgau
durch den Archäologen
Karl Keller Tarnuzzer (1891–1973)
aus Frauenfeld gilt heute als überholt.*

Dächer. Von großer Bedeutung ist das umfangreiche Fundgut aus Bronze. Insgesamt liegen hundert Bronzeobjekte vor, außerdem Funde aus Gold, Bernstein und Glas.

Die Ausgrabungen von 1945 in Arbon-Bleiche 2 gehören zu den letzten Untersuchungen, mit deren Hilfe die Existenz von im freien Wasser stehenden »echten Pfahlbauten« bewiesen werden sollte. Der erwähnte Ausgräber Karl Keller-Tarnuzzer aus Frauenfeld hielt diese Seeufersiedlungen irrtümlicherweise für einen »echten Pfahlbau«. Aus fünf vermeintlich parallelen Reihen von Pfählen rekonstruierte er eine in Wirklichkeit nicht existierende, 25 mal 14 Meter große, merklich vom Wasser abgehobene Plattform, auf der ein Haus oder mehrere Häuser gestanden haben sollen. Insgesamt glaubte er, zwei solcher Plattformen erkennen zu können.

Heute ist man ziemlich sicher, dass die Häuser der Seeufersiedlungen Arbon-Bleiche 2 meistens ebenerdig auf dem trockenen Land geruht haben. Nur bei wenigen Häusern kann ein leicht abgesetzter, rund 15 bis 25 Zentimeter vom Untergrund abgehobener Hausboden angenommen werden. Zwei Drittel der dortigen Gebäude waren 4,50 bis sechs Meter lang und 3,50 bis 4,50 Meter breit, andere hatten geringere oder höhere Maße. Das kleinste Haus im Dorf besaß eine Grundfläche von etwa zehn Quadratmetern, das größte von 38 Quadratmetern.

Bei den Siedlungsrelikten aus der Frühbronzezeit am Zuger See im Kanton Zug handelt es sich nur um wenige typische Keramikfragmente. Solche Scherben von Tongefäßen barg man in Oberrisch/Aabach, Steinhausen-Sennweid und Zug-Galgen, wo einst frühbronzezeitliche Seeufersiedlungen gelegen hatten. Siedlungen an Flüssen – wie jene von Unterlunkhofen[6] im Kanton Aargau – konnten bisher kaum ausfindig gemacht werden. Denn Reste von Dörfern an Ufern fließender Gewässer werden durch die Erosion besonders stark gefährdet und meistens zerstört. In Unterlunkhofen bezeugen Hüttenlehmbrocken das Vorhandensein ehemaliger Behausungen. Sie stammen aus der Übergangsphase von der frühen zur mittleren Bronzezeit, in der die Seeufersiedlungen aufgegeben wurden.

Im Vergleich zur vorhergehenden Jungsteinzeit wurden in der Frühbronzezeit – nach den Funden zu schließen – mehr Siedlungen in Höhenlage errichtet. Vielleicht geschah dies aus Furcht vor Überfällen durch feindliche Zeitgenossen. Die Höhensiedlungen können aber auch an Handelswegen oder in Nähe von Kupfervorkommen angelegt worden sein.

Eine unbefestigte Höhensiedlung der Frühbronzezeit erstreckte sich auf dem Burghügel Gräplang bei Flums[7] im Kanton Sankt Gallen. Ihre Bewohner waren Viehzüchter und – wie Kupfergusstropfen zeigen – auch Bronzegießer. Eines ihrer Blockhäuser mit Lehmverputz ist einem Brand zum Opfer gefallen.

Auf dem 200 Meter langen und 60 Meter breiten Plateau des Hügelsporns Waldi bei Toos[8] im Kanton Thurgau hat man Reste von Steinmauern entdeckt, die in verschiedenen Phasen der Frühbronzezeit den

Zugang zur Siedlung sicherten. Dieses Plateau ist lediglich im Süden durch eine schmale Bergrippe mit der dahinterliegenden Anhöhe verbunden und musste folglich nur dort besonders geschützt werden. Auf der Ost-, Nord- und Westseite fällt der Hügelsporn etwa 20 Meter steil ab.

Die ursprüngliche Mauer im Süden der Befestigung von Toos-Waldi verlief noch ebenerdig über das Plateau. Nach dem verstürzten Geröllmaterial zu schließen, dürfte sie eine beträchtliche Höhe erreicht haben. Zwei verkohlte Bretterschichten stammen wohl von der einstigen Holzkonstruktion.

Die Mauer der zweiten Phase ruhte auf einem Wall, der größtenteils mit dem Schutt der ältesten Mauer aufgeworfen wurde. Der Wall fiel in einen seichten Graben ab, den eine schmale Mauer zum Plateau hin begrenzte. Zwischen der höchsten Erhebung des Walles und dem Graben stand ein weiteres Hindernis, von dem verbrannte Bretter und Gerölle zeugen.

Sowohl die Mauer der zweiten Phase als auch die wiederaufgebaute der dritten Phase wurden zerstört. Die Holzreste aus den beiden Zerstörungshorizonten stammen vor allem von Buchen und Weißtannen, zu einem geringeren Teil von Kirschbäumen, Ahorn, Erlen und Fichten.

Zu den frühbronzezeitlichen Höhensiedlungen im Fürstentum Liechtenstein gehört das Bergdorf auf dem oberen Plateau des Borschtes bei Schellenberg[9]. Entlang der Nordostkante des Borschtes wurde ein mit einer Steinsetzung fundamentierter Wall freigelegt. Herdstellen und zum Teil auch Pfostenlöcher verraten, dass zumindest eine Häuserzeile direkt an die Wallmauer angrenzte.

Was damals angebaut und geerntet wurde, verdeutlichen die Getreidereste von mehrzeiliger Gerste *(Hordeum vulgare)*, Nacktweizen *(Hordeum vulgare var. nudum)*, Einkorn *(Triticum monococcum)*, Emmer *(Triticum dicoccon)* und Dinkel *(Triticum spelta)* aus der Seeufersiedlung Zürich-Mozartstraße. Mit Ausnahme des Dinkels sind die übrigen Getreidearten schon in der Jungsteinzeit gesät und geerntet worden. Von Zürich-Mozartstraße kennt man außerdem Reste von Schlafmohn *(Papaver somniferum)* und Lein *(Linum usitatissimum)*. Die Getreidekörner hat man mit Mahlsteinen zerrieben, wie man sie in der Siedlung Baldegg vorfand.

Die Bauern in den Seeufersiedlungen von Arbon-Bleiche 2 haben Rinder, Schweine, Ziegen, Schafe, Hunde und Pferde als Haustiere gehalten, geschlachtet und gegessen. Rinder, Schafe, Ziegen, Schweine und Pferde tummelten sich auch in der Seeufersiedlung Zürich-Mozartstraße. Dort hatte man vor allem Rinder domestiziert. Anhand von Speiseabfällen sind auf dem Burghügel Gräplang bei Flums Rinder, Schweine, Ziege und Schafe nachgewiesen.

Auf dem Borscht bei Schellenberg in Liechtenstein kamen neben Resten von Rindern, Schafen und Ziegen sogar Knochen von vier Pferden zum Vorschein. Bei den Schafen in der Frühbronzezeit gab es erstmals weibliche Tiere ohne Hörner. Für Pferde waren möglicherweise größere Weideflächen erforderlich.

Angelhaken, Netzsenker und Netzschwimmer sowie Jagdbeutereste deuten auf zumindest gelegentlich ausgeübten Fischfang und sporadische Jagd hin. Fischfang wird durch zwei bronzene Angelhaken aus den Siedlungen von Arbon-Bleiche 2 am Bodensee sowie durch mehrere steinerne Netzsenker und hölzerne Netzschwimmer aus der Siedlung Baldegg am Baldegger See dokumentiert.

Als Jagdbeutereste gelten die Speiseabfälle von Wildtieren aus den Seeufersiedlungen von Arbon-Bleiche 2, unter denen Knochen vom Rothirsch *(Cervus elaphus)*, Reh *(Capreolus capreolus)*, Wildschwein *(Sus scrofa)*, Braunbär *(Ursus arctos)*, Biber *(Castor fiber)* und Kormoran *(Phalacrocorax carbo)* identifiziert wurden. Speiseabfälle vom Rothirsch kennt man auch vom Burghügel Gräplang bei Flums. Nach Jagdbeuteresten von Auerochsen und Hirschen auf dem Borscht bei Schellenberg in Liechtenstein zu schließen, hat man dort offenbar nur wenige Arten von Wildtieren erlegt, die möglichst viel Fleisch garantierten.

Der Speisezettel wurde zu bestimmten Jahreszeiten durch das Sammeln wildwachsender Beeren und Früchten bereichert. Die Bewohner der Seeufersiedlung Zürich-Mozartstraße pflückten Wildäpfel *(Malus sylvestris)*, Haselnüsse *(Corylus avellana)*, Himbeeren *(Rubus idaeus)*, Brombeeren *(Rubus fruticosus)*, Erdbeeren *(Fragaria vesca)*, Hagebutten *(Rosa arvensis)*, Schlehen *(Prunus spinosa)* und Beeren von Wildem Wein *(Vitis sylvestris)*. Letztere wuchsen auf 20 bis 30 Meter hoch an Baumstämmen kletternden Lianen in feuchten Auwäldern.

Bild auf Seite 35:

*Der Auerochse gehörte zu den Jagdtieren
der Angehörigen der Arbon-Kultur.
Dies belegen Funde
auf dem Borscht bei Schellenberg in Liechtenstein,
wo man Jagdbeutereste
von Auerochsen und Hirschen barg.
Auf dem Borscht hat man offenbar
nur wenige Arten von Wildtieren erlegt,
die möglichst viel Fleisch garantierten.*

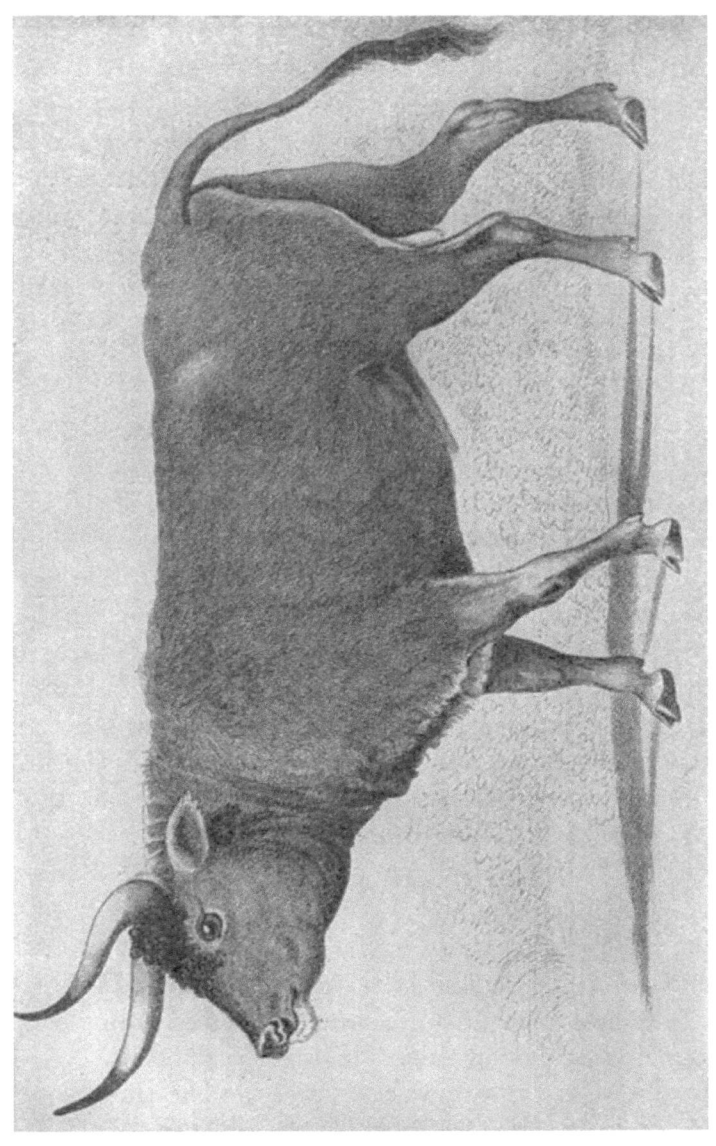

Die Töpfer formten tönerne Krüge, Schüsseln, Schalen, Tassen, Becher und hohe Vorratsgefäße. Als besonders typisch gelten einhenkelige flache Tassen. Die Außenseite der Tongefäße wurde häufig mit feinem Ton überzogen, glattgestrichen und poliert. Als Dekor wählte man eingeritzte Ornamente, umlaufende Linien und Rillen, Kerbreihen oder -leisten sowie punktgefüllte oder schraffierte Dreiecke. Mit plastischen Verzierungen in Form von Knubben, Grifflappen und Leisten wurden nur die großen Vorratsgefäße mit S-förmig geschwungenem Profil versehen.

Als frühe Form von Töpferöfen deutet man zwei jeweils zwei Meter lange und einen Meter breite Gruben mit Brandspuren und Steinschicht aus Möriken[10] im Kanton Zürich. In einer dieser Gruben hat man vermutlich Holzspältlinge in die Grubenwände gepresst. Ein Klopfstein mit stark aufgerauhten Abnutzungsspuren dürfte zum Zerkleinern von Steinen geringer Größe benutzt worden sein. Den so gewonnenen Steingrus mengte man dem frischen Ton bei, um zu verhindern, dass die daraus modellierten Gefäße beim Brennen rissen. In Rümlang bei Zürich konnte man 1892 einen tönernen Töpferofen nachweisen.

In den Seeufersiedlungen von Arbon-Bleiche 2 wurden Reste zweier aus Ahorn- und Eschenholz geschnitzter napfartiger Gefäße entdeckt. Solche bruch- und stoßfesten Behältnisse waren bereits etwa 2000 Jahre früher in manchen jungsteinzeitlichen Seeufersiedlungen angefertigt worden. Hierfür eigneten sich Wucherungen an Baumstämmen gut als Rohmaterial, weil sie einerseits die gewünschte halbkugelige Form hatten und andererseits eine verschlungene Faserstruktur aufwiesen, die sich beim Austrocknen selten spaltete.

Die Metallhandwerker im nordostschweizerischen Mittelland haben ihre bronzenen Erzeugnisse vor allem gegossen und nicht überwiegend Bleche geschmiedet, wie es bei der älteren Rhône-Kultur in der Westschweiz und bei der Singener Gruppe in Südwestdeutschland der Fall gewesen ist.

In der Frühbronzezeit waren Gegenstände aus Bronze im nordostschweizerischen Mittelland noch rar und dementsprechend kostbar. Deshalb wurden in dieser Phase – ebenso wie in der Jungsteinzeit – noch viele Geräte aus Stein, Knochen und Holz hergestellt. Werkzeuge aus Stein kamen auch am liechtensteinischen Fundort Nendeln zum Vorschein. Dort hatte man Meißel, Sägen und Schaber aus Stein geschaffen.

Aus der Seeufersiedlung Baldegg sind mehr als 40 Steinbeile, Wetzsteine, Hämmer, ein Knochenpfriem und ein Knochenspatel sowie Mahlsteine und Feuersteinwerkzeuge bekannt. In den Seeufersiedlungen von Arbon-Bleiche 2 wurden Steinbeile, Stein- und Knochengeräte sowie Geweihhacken geborgen. Und in der Befestigung Toos-Waldi kamen Schaber aus Knochen und Eberzahn, eine Hacke und ein Hammer aus Hirschgeweih zum Vorschein.

Zu den Bronzewerkzeugen von Arbon-Bleiche 2 gehören sechs beidseits zugespitzte Pfrieme, zehn vier bis zwölf Zentimeter lange Bronzestäbe mit meißelförmig zulaufenden Enden, ein vierkantiger Meißel und zwei mutmaßliche Punzen.

Als typische Funde aus der älteren Frühbronzezeit gelten die Salez-Beile. Diese Beilklingen hat man nach dem Fundort Salez bei Sennwald[11] im Kanton Sankt Gallen bezeichnet, wo 66 Randleistenbeile geborgen wurden. Die dortigen Salez-Beile wiegen durchschnittlich 215 Gramm, sind 12,5 Zentimeter lang und besitzen eine etwa fünf Zentimeter breite Schneide. Salez-Beile haben wie andere Bronzeobjekte aus der älteren Frühbronzezeit einen auffällig hohen Arsen-, Antimon-, Nickel- und Silberanteil. Depots mit Salez-Beilen wurden in Mels und Gams (beide im Kanton Sankt Gallen) gefunden.

Die bronzenen Waffen im nordostschweizerischen Mittelland – wie Beile, Dolche und Lanzenspitzen – stammen überwiegend aus der späten Frühbronzezeit. So ähneln die zusammen mit anderen Waffen geborgenen Beilklingen teilweise den Funden aus dem Depot von Langquaid in Süddeutschland, nach dem die Langquaid-Stufe benannt ist. Als Zeugnisse aus dieser Zeit gelten vor allem die in Langquaid zutage geförderten Randleistenbeile (Langquaid-Beile) mit schmaler Bahn und halbkreisförmiger Schneide.

Die leichteren Langquaid-Beile dürften als Waffen, die schwereren Exemplare dagegen als Werkzeuge gedient haben. Langquaid-Beile wurden in den Seeufersiedlungen Arbon-Bleiche 2 am Bodensee (vier Funde), Baldegg am Baldegger See (zwei Funde) und Obermeilen am Zürichsee (zwei Funde) geborgen. Ein

Langquaid-Beil gehörte zu den Beigaben in einem Grab von Broc im Kanton Freiburg.

Bei anderen Beilfunden im nordostschweizerischen Mittelland handelt es sich um Beile vom Typ Neyruz aus der späten Frühbronzezeit. Die Neyruz-Beile sind nach einem Fundort der Rhône-Kultur im Kanton Waadt bezeichnet.

In den erwähnten Seeufersiedlungen von Arbon-Bleiche 2 im Kanton Thurgau konnten insgesamt vier Beile verschiedenen Typs, zwölf Dolche, zwei Lanzenspitzen und vier Pfeilspitzen ausfindig gemacht werden.

Zur Idealausstattung des Mannes gehörte ein metallener Dolch. Dieser hatte vier bis sechs Nieten auf dem Heft, mit denen sich der Griff aus Hirschgeweih oder Holz befestigen ließ. Die Klinge wurde mit Strichbündeln oder flachen Rillen verziert. Bei besonders prächtigen Dolchen hat es den Anschein, als seien diese keine Waffen, sondern nur noch Statussymbole oder Würdezeichen gewesen. Manche der im nordostschweizerischen Mittelland gefundenen Dolche ähneln Exemplaren aus Ostfrankreich, Norddeutschland und Schweden auf frappierende Weise.

Metallene Lanzenspitzen mit Tülle zur Aufnahme des hölzernen Schaftes waren in der Frühbronzezeit des nordost-schweizerischen Mittellandes eine Neuheit. Es lässt sich nicht mit letzter Sicherheit sagen, ob Lanzen mit solchen Spitzen nur bei der Jagd auf große Wildtiere oder ausschließlich beim Kampf eingesetzt wurden.

Ein Trensenknebel aus der Befestigung von Toos-Waldi im Kanton Thurgau dokumentiert, dass die in manchen

Siedlungen durch Skelettreste nachgewiesenen Hauspferde auch geritten wurden. Das Zaumzeugteil ist aus Hirschgeweih geschnitzt, zehn Zentimeter lang und verziert.

Seltene Funde in manchen Alpenregionen beweisen das Vordringen von Menschen hoch ins Gebirge. So hat man beispielsweise auf dem Dämpfelsmatt bei Kerns im Kanton Obwalden in 1900 Meter Höhe ein Randleistenbeil geborgen. Derartige Objekte wurden von Erzsuchern, Jägern und Hirten zurückgelassen, die ihre Herden im Sommer auf Hochweiden grasen ließen.

Der Zürcher Prähistoriker René Wyss hält die Höhenfunde im Gebirge für Bitt- und Dankopfer, die Alphirten in Erfüllung eines Gelübdes nach überlebtem Unwetter oder nach heil überstandener Naturkatastrophe in der Abgeschiedenheit entlegener Berge dargebracht haben.

Daneben konnte aber auch anhand von Passfunden nachgewiesen werden, dass man bereits Tauschwaren über die Alpen transportierte. Auf den Pässen opferten Händler zum Dank für geglückte Überquerungen. Im nordost-schweizerischen Mittelland wurden unter anderem Schneckengehäuse vom Mittelmeer, Bernstein von der Ostsee sowie bestimmte Waffen und Schmuckstücke über Warenaustausch erworben.

Dank der neuen Legierung aus Kupfer und Zinn namens Bronze sahen sich die Metallhandwerker in die Lage versetzt, viele neue Schmuckformen anzufertigen. Damit steigerte sich im Gegensatz zu früheren Zeiten vermutlich noch das Bedürfnis, sich zu schmücken.

Dieser Fortschritt spiegelt sich bei den bronzenen Nadeln wider, die nicht nur als Gewandnadeln, sondern auch als Schmuckstücke gedacht waren.

Während der Frühbronzezeit gab es im nordostschweizerischen Mittelland – je nach der Form des Nadelkopfes bezeichnet – Ruder-, Scheiben-, Rollenkopf-, Ösenkopf-, Kegelkopf-, Hülsen-, Schleifen- und Ringkopfnadeln.

Eine 14 Zentimeter lange verzierte Rudernadel aus Erlenbach-Winkel im Kanton Zürich gilt als die älteste frühbronzezeitliche Nadel der deutschsprachigen Schweiz. Sie gleicht den Rudernadeln aus dem Gräberfeld von Singen am Hohentwiel (Kreis Konstanz) in Südwestdeutschland aus dem 22. und 21. Jahrhundert v. Chr.

Die Ösenkopfnadeln aus der jüngeren Frühbronzezeit waren hauptsächlich im Gebiet der Aunjetitzer Kultur in Tschechien, der Slowakei, in Mitteldeutschland und in Niederösterreich verbreitet, deren Einfluss offenbar bis in die Schweiz reichte und die Frühbronzezeit mitprägte. In der Schweiz wurde meistens eine eigene Variante dieser Nadeln kreiert.

Die Menschen der Frühbronzezeit im nordostschweizerischen Mittelland schmückten außer ihrer Kleidung auch das Haar, den Hals, die Brust, die Arme und die Finger. Der Schmuck wurde aus Schneckengehäusen, Knochen, Bernstein, Fayence, Bronze und Gold angefertigt. Manche dieser Rohstoffe – wie die Schneckengehäuse und der Bernstein – stammen aus entfernten Gebieten.

Schmuck aus verschiedenen Materialien kam auch in den Seeufersiedlungen von Arbon-Bleiche 2 zum Vorschein. Dort barg man einen Anhänger aus Bernstein und zwei aus Fayence, außerdem bronzene Nadeln, Arm- und Fingerringe, Schmuckspiralen und zwei Golddrahtstücke. Von den beiden Fayenceperlen ist eine rund, die andere sternförmig. Beide weisen – wie die Fayenceperlen der frühbronzezeitlichen Wessex-Kultur in England, Irland und der Bretagne – einen außergewöhnlich hohen Zinnanteil auf.

Von der Fingerfertigkeit und vom guten Geschmack eines Metallhandwerkers zeugt eine Bernsteinperle mit Goldüberzug aus der Seeufersiedlung Zürich-Mozartstraße. Der Bernsteinperle mit einem Durchmesser von 2,9 Zentimetern und einem Loch von zwei Millimetern wurden zwei halbkugelige Goldschalen übergestülpt. Die Goldauflage wirkt wie ein Überzug aus einem äqatorialen und acht meridionalen Streifen, weil man aus den beiden Schalen Dreiecke ausschnitt und die Streifen mit Rillen verzierte.

Mit Gold überzogene Schmuckstücke kennt man auch aus Gräbern der Wessex-Kultur von Wilsfort in Wiltshire (England). Dort lag in einem Brandgrab eine Bernsteinscheibe mit Goldfassung, in einem anderen Grabhügel entdeckte man eine Perle aus Schieferton mit Goldüberzug aus zwei Halbschalen.

Schmuckstücke aus Gold liegen von mehreren Fundorten im nordostschweizerischen Mittelland vor. Ein Grabhügel in Weiningen (Kanton Zürich) enthielt vier Spiralen aus Golddraht. In Löhningen (Kanton

Schaffhausen) wurde ein Golddraht geborgen. Aus Arbon-Bleiche 2 liegen ein hakenförmig gebogener Golddraht und eine aus Golddraht geformte Spirale vor. Lange Zeit herrschte die Annahme vor, das Gold sei durch Tauschhandel in das Gebiet der Schweiz gelangt. Dagegen vermutet der Zuger Prähistoriker Stefan Hochuli, es sei auch eine lokale Gewinnung dieses Edelmetalls möglich gewesen. Als Indiz hierfür deutet er den Fund einer bronzenen Beilklinge unter einem Felsblock bei Disentis (Kanton Graubünden) am Rande eines Flussabschnitts, an dem heute Gold in beträchtlichen Mengen gewaschen wird.

Von florierenden Tauschgeschäften zeugt das Depot eines Händlers aus Arbedo-Castione[12] im Kanton Tessin mit insgesamt 67 bronzenen Schmuckstücken. Es umfasste mondförmige Lunula-Anhänger, Doppelspiral- und Scheibenanhänger, Rollenkopfnadeln, Armspangen, einen Bronzegürtel und Spiralröllchen.

Im einzigen Grab der jüngeren Frühbronzezeit der Zentral- und Ostschweiz aus Rümlang im Kanton Zürich hat man vermutlich einen Mann oder Jungen in gestreckter Lage bestattet. Der Tote ruhte in einer Erdgrube, die mit Steinen eingefasst wurde. Zu seinen Grabbeigaben gehörten ein bronzener Dolch, ein Beil und eine Nadel. Grab, Bestattung und Beigaben entsprechen der in der Westschweiz weit verbreiteten Bestattungssitte während der jüngeren Frühbronzezeit.

Die religiöse Gedankenwelt der frühbronzezeitlichen Menschen im nordostschweizerischen Mittelland bleibt weitgehend im Dunkel der Urgeschichte. Bisher weiß man lediglich von einigen rätselhaften Opfern aus jener Zeit, zu der anderswo sogar lebende Menschen den Göttern geopfert und kannibalische Bräuche gepflegt wurden.

Als kultische Weihegabe für eine Gottheit wurde früher von manchen Autoren der einst in die Frühbronzezeit datierte Goldbecher von Eschenz[13] im Kanton Thurgau gedeutet. Andere Experten dagegen betrachteten das ungewöhnliche Gefäß als einen Grabfund, obwohl bei der Entdeckung keine menschlichen Skelettreste freigelegt wurden. Heute nimmt man an, dass dieser 11,1 Zentimeter hohe Goldbecher mit einem Mündungsdurchmesser von 11,2 Zentimetern und einem Gewicht von 136 Gramm von der jungsteinzeitlichen Glockenbecher-Kultur (etwa 2500 bis 2200 v. Chr.) stammt, die der Frühbronzezeit vorausging und teilweise gleichzeitig mit ihr bestand. Es handelte sich sozusagen um einen »goldenen Glockenbecher«.

Goldbecher hat es andernorts auch in der Bronzezeit gegeben. Aus Gold angefertigte Gefäße wurden beispielsweise in Rillaton/Cornwall und in Cuxwold/Lincolnshire (Südengland), Ploumilliau im Département Côtes-du-Nord (Frankreich) sowie in Fritzdorf in Nordrhein-Westfalen (Deutschland) entdeckt. Weil bei dem Becherfragment von Cuxwold das Unterteil fehlt, hatte man es lange Zeit als Armmanschette fehlgedeutet. All diese Funde entstammen verschiedenen Kulturen der Bronzezeit.

Mindestens ebenso wertvoll wie die Goldbecher dürften zwei seltene frühbronzezeitliche Silbergefäße aus der Bretagne in Frankreich gewesen sein: Je eines davon wurde in Saint-Adrien (Département Cotes-du-Nord) und in Saint-Fiacre-en-Melrand (Département Morbihan) entdeckt. Beide Silbergefäße waren in Gräbern zum Vorschein gekommen.

Anmerkungen

Die Frühbronzezeit in der Schweiz
1] Die Zusammenstellung dieser Übersicht über die Verbreitung und Zeitdauer von Kulturen der Frühbronzezeit entstand mit Hilfe der deutschen Prähistorikerin Gretel Callesen (früher Gallay) aus Nidderau (Hessen), des beim Archäologischen Dienst des Kantons Bern arbeitenden deutschen Prähistorikers Albert Hafner und des schweizerischen Prähistorikers Jürg Rageth vom Archäologischen Dienst Graubünden, Haldenstein.

Die Arbon-Kultur
1] Bei Grabungen in den Jahren 1937 bis 1967 durch den Buchdrucker und Heimatforscher Ernst Kull (1889–1980), der zunächst in Muttenz und später in Basel wohnte, wurden auf dem Wartenberg ob Muttenz neben Spuren einer bronzezeitlichen Befestigung auch Gegenstände der frühen, mittleren und späten Bronzezeit zutage gefördert.
2] In Zürich-Mozartstraße kamen am 16. Juli 1981 beim Ausbaggern des Schlitzes für die Betonitwand um die künftige Baugrube für die geplante Erweiterung des Opernhauses prähistorische Pfähle zum Vorschein. Daraufhin erfolgte eine Grabung unter Leitung des damals in Zürich arbeitenden Prähistorikers Peter J. Suter (später in Bern).

3] Die Seeufersiedlung von Meilen-Schellen wurde im Januar und Februar 1985 von der archäologischen Tauchequipe der Stadt Zürich untersucht.

4] 1914 wurden im Uferbereich vor dem Töchterinstitut Baldegg am südwestlichen Ende des Baldegger Sees Lesefunde geborgen, die auf eine frühbronzezeitliche Siedlung schließen ließen. Diese Vermutung wurde bei den 1938/39 vom Archäologischen Arbeitsdienst organisierten Grabungen unter Leitung des Bezirkslehrers und Heimatforschers Reinhold Bosch (1887–1973) aus Seengen bestätigt.

5] Die Seeufersiedlung Arbon-Bleiche wurde 1944 durch den damals in Arbon lebenden Zahnarzt Otto Meyer-Boulenaz entdeckt, als man im sumpfig-moorigen Mündungsgebiet der Arboner Aach Entwässerungsgräben zogen. Auf Veranlassung der Museumsgesellschaft Arbon wurde diese Fundstelle im Frühsommer 1945 unter der Leitung des Prähistorikers Karl Keller-Tarnuzzer (1891–1973) aus Frauenfeld durch eine Gruppe polnischer Internierter untersucht, die zuvor die jungsteinzeitliche Siedlung Pfyn-Breitenloo ausgegraben hatte.

6] Während der Sanierung des Reusstals wurden 1974 am rechten Reussufer in Unterlunkhofen Kulturschichten entdeckt. 1976 untersuchte die Kantonsarchäologie einige kleinere Flächen.

7] Der Burghügel Gräplang bei Flums wurde von 1958 bis 1990 von der Sekundarlehrerin Franziska Knoll-Heitz aus Sankt Gallen im so genannten Burgenforschungskurs ausgegraben. Bronzezeitliche Kulturschichten kamen 1963 und 1964 erstmals bei Sondierschnitten auf dem Ostplateau des Burghügels (Rebberg-Ost) zum Vorschein. Ab 1985 wurden unter Mitwirkung von Studenten der Ur- und Frühgeschichte aus Wien und Marburg (Hessen) auf dem Ostplateau feinstratigraphische Untersuchungen vorgenommen.

8] Nach der ersten Fundmeldung von 1966 an den Staatsarchivar besichtigten am 18. Juni 1967 der Kantonsförster Clemens Hagen aus Frauenfeld und die Sekundarlehrerin Franziska Knoll-Heitz aus Sankt Gallen den Hügelsporn Waldi zwischen Mettlen und Toos, um die dort beim Lehmabbau zum Vorschein gekommenen Siedlungsspuren in Augenschein zu nehmen. Dabei fanden sie etwa 29 urgeschichtliche Tonscherben. Franziska Knoll-Heitz nahm 1969 Sondierungen vor und stieß dabei im Hügel auf Trockenmauern, die sie irrtümlich für Reste einer mittelalterlichen Burg hielt. 1971/72 führte die Prähistorikerin Madeleine Sitterding aus Basel dort Ausgrabungen durch. 1974 setzte der Prähistoriker Jost Bürgi aus Frauenfeld die Untersuchungen fort, die 1975 abgeschlossen wurden.

9] Auf dem Borscht bei Schellenberg haben 1935 und 1936 für den Historischen Verein der Konservator am Vorarlberger Landesmuseum in Bregenz, Adolf Hild (1883–1954), und 1947 bis 1949 der Lehrer David Beck (1893–1966) aus Vaduz gegraben.

10] Bei Aushubarbeiten für ein Einfamilienhaus wurden in Möriken am Fuß des Kestenberges von einem

Lehrer prähistorische Scherben gefunden. Außerdem hat man in der Baugrube Brandspuren und eine Steinschicht festgestellt. Daraufhin haben die Zürcher Archäologen Johannes Weiss und Peter Frey im März 1978 eine Sondierung vorgenommen.

11] Die Randleistenbeile von Salez bei Sennwald kamen Anfang März 1883 in einem Hügel zum Vorschein, der abgebaut wurde, um Kies zu gewinnen.

12] Das Depot von Arbedo-Castione wurde 1874/75 beim Bau der Gotthard-Eisenbahn bei der Lokalität »Tal der Diebe« gefunden.

13] Der Goldbecher von Eschenz kam vermutlich 1906 zum Vorschein, als in der Gegend der Bahnstation und der nahe liegenden Fabriken die Gleisanlagen umgebaut wurden.

Literatur

Die Frühbronzezeit in der Schweiz
BILL, Jakob: Beiträge zur Frühbronzeforschung in der Schweiz. Zeitschrift für Archäologie und Kunstgeschichte, Jahrgang 33, Heft 2, S. 77–93, Zürich 1976
HAAS, Susanne: Die Bronzezeit in der Schweiz. Aus: SCHMID, Elisabeth / HAAS, Susanne: Urgeschichte Europas. Museum für Völkerkunde und Schweizerisches Museum für Volkskunde Basel, S. 64–73, Basel 1984
HANTKE, René: Die Bronzezeit in der Schweiz. Aus: Eiszeitalter. Die jüngste Erdgeschichte der Schweiz und ihrer Nachbargebiete, S. 240–253, Thun 1978
HEIERLI, Jakob: Urgeschichte der Schweiz, Zürich 1901
HOCHULI, Stefan: Die frühe und mittlere Bronzezeit im Kanton Zug. Tugium, Jahrbuch des Staatsarchivs des Kantons Zug, des Amtes für Denkmalpflege und Archäologie, des Kantonalen Museums für Urgeschichte Zug und des Museums in der Burg Zug, S. 74–96, Zug 1995
LICHARDUS-ITTEN, Marion: Die frühe und mittlere Bronzezeit im alpinen Raum. Aus: Ur- und frühgeschichtliche Archäologie der Schweiz, Band 3, Die Bronzezeit, S. 41–54, Basel 1971
OSTERWALDER, Christin / ZAUGG, Marc: Fundort Schweiz. Band 2. Von den ersten Bronzegießern zu den Helvetiern, Solothurn 1981

STRAHM, Christian: Die Frühbronzezeit: Der Beginn der Metallzeiten. Aus: Die Frühe Bronzezeit zwischen Aare und Rhone. Ausstellungskatalog, S. 1–14, Biel 1995
TSCHUMI, Otto: Urgeschichte der Schweiz, Frauenfeld 1949
VOGT, Emil: Die Bronzezeit der Schweiz im Überblick. Aus: DRACK, Walter (Herausgeber): Die Bronzezeit der Schweiz. Repertorium der Ur- und Frühgeschichte der Schweiz, S. 1–3, Zürich 1956

Die Arbon-Kultur
BILL, Jakob: Zum Depotfund von Salez. Jahresbericht des Instituts für Vorgeschichte Frankfurt 1977, S. 200–206, Frankfurt/Main 1977
BILL, Jakob: Goldenes Bronzezeitalter. Die Bronzezeit im Kanton Luzern. Archäologische Schriften Luzern 6, Luzern 1995
BOSCH, Reinhold: Pfahlbauausgrabung in Baldegg. Ur-Schweiz, Jahrgang 3, Nr. 3/4, S. 34–46, Basel 1939
BÜRGI, Zahai: Die prähistorische Besiedlung von ToosWaldi. Archäologie der Schweiz, Band 5, Heft 2, S. 82–88, Basel 1982
FISCHER, Franz: Die frühbronzezeitliche Ansiedlung in der Bleiche bei Arbon TG. Schriften zur Ur- und Frühgeschichte der Schweiz, Band 17, Basel 1971
GALLAY, Gretel: Das Ende der Frühbronzezeit im Schweizer Mittelland. Jahrbuch der Schweizerischen Gesellschaft für Ur- und Frühgeschichte, Band 56, S. 115–138, Basel 1971

GROSS, Eduard / BROMBACHER, Christoph / DICK, Martin / DIGGELMANN, Kurt / HARDMEYER, Barbara / JAGHER, Reto / RITZMANN, Christoph / RUCKSTUHL, Beatrice / RUOFF, Ulrich / SCHIBLER, Jörg / VAUGHAN, Patrick C. / WYPRÄCHTIGER, Kurt: Zürich »Mozartstraße«. Neolithische und bronzezeitliche Ufersiedlungen, Band 1, Berichte der Zürcher Denkmalpflege, Zürich 1987

GROSS, Eduard / RITZMANN, Christoph: Die neolithischen und bronzezeitlichen Siedlungen im Zürcher Seefeld. Aus: HÖNEISEN, Markus (Herausgeber): Die ersten Bauern. Pfahlbaufunde Europas, Band 1, S. 161–176, Zürich 1990

GROSS, Eduard / RUOFF, Ulrich: Das Leben in neolithischen und bronzezeitlichen Dörfern am Zürich- und Greifensee. Archäologie der Schweiz, Band 13, Heft 2, S. 101–112, Basel 1990

GUYAN, Walter Ulrich: Siedlung, Wirtschaft und Verkehr der Bronzezeit. Aus: DRACK, Walter (Herausgeber): Die Bronzezeit der Schweiz. Repertorium der Ur- und Frühgeschichte der Schweiz, S. 29–34, Zürich 1956

HARDMEYER, Barbara / BÜRGI, Jost: Der Goldbecher von Eschenz. Zeitschrift für Schweizerische Archäologie und Kunstgeschichte, Band 32, S. 109–120, Zürich 1975

HASENFRATZ, Albin: Die Pfahlbauten im südlichen Bodenseeraum. Aus: HÖNEISEN, Markus (Herausgeber): Die ersten Bauern. Pfahlbaufunde Europas, Band 1, S. 201–206, Zürich 1990

HOCHULI, Stefan: Arbon-Bleiche. Die neolithischen und bronzezeitlichen Seeufersiedlungen. Ausgrabungen 1885–1991, Archäologie im Thurgau, Band 2, Frauenfeld 1994

HOCHULI, Stefan: Die Frühbronzezeit in der Zentral- und Ostschweiz. Aus: Anfänge der Bronzezeit zwischen Rhone und Aare, Ausstellungskatalog, S. 41–60, Biel 1995

HOCHULI, Stefan / KÖNINGER, Joachim / RUOFF, Ulrich: Der absolutchronologische Rahmen der Frühbronzezeit in der Ostschweiz und in Südwestdeutschland. Archäologisches Korrespondenzblatt, Jahrgang 24, Heft 2, S. 269–282, Mainz 1994

KELLER-TARNUZZER, Karl: Arbon: Pfahlbau Bleiche. Jahrbuch der Schweizerischen Gesellschaft für Ur- und Frühgeschichte, Band 36, S. 19–26, Basel 1945

KELLER-TARNUZZER, Karl / REINERTH, Hans: Urgeschichte des Thurgaus, Frauenfeld 1925

KÖNINGER, Joachim: Bodman-Schachen I. Die frühbronzezeitlichen Ufersiedlungen (Tauchsondagen 1982–1984 und 1986), ungedruckte Disseration, Freiburg/Breisgau 1993

MESSIKOMER, Jakob: Der neu entdeckte Pfahlbau BleicheArbon. Antiqua, Band 11, Basel 1885

PÁSZTHORY, Katharine: Der bronzezeitliche Arm- und Beinschmuck in der Schweiz. Prähistorische Bronzefunde X, Band 3, München 1985

PRIMAS, Margarita: Untersuchungen zu den Bestattungssitten der ausgehenden Kupfer- und der frühen Bronzezeit. Grabbau, Bestattungsformen und Beigabensitten im südlichen Mitteleuropa. 58. Bericht der Römisch-Germanischen Kommission, S. 1–160, Frankfurt/Main 1978

PRIMAS, Margarita: Urgeschichte des Zürichseegebietes im Überblick: Von der Steinzeit bis zur Früheisenzeit. Helvetia Archaeologica, Jahrgang 12, Heft 45/48, S. 5–18, Zürich 1981

PRIMAS, Margarita: Die Bronzezeit im Spiegel ihrer Siedlungen. Aus: HÖNEISEN, Markus (Herausgeber): Die ersten Bauern. Pfahlbaufunde Europas, Band 1, S. 73–80, Zürich 1990

RUOFF, Ulrich: Die frühbronzezeitliche Siedlung in Meilen-Schellen, Kanton Zürich. Tauchgrabungen 1985. Jahrbuch der Schweizerischen Gesellschaft für Ur- und Frühgeschichte, Band 70, S. 51–64, Basel 1987

RUOFF, Ulrich: Die Ufersiedlungen am Zürichsee. Aus: HÖNEISEN, Markus (Herausgeber): Die ersten Bauern. Pfahlbaufunde Europas, Band 1, S. 145–160, Zürich 1990

RUOFF, Ulrich / RYCHNER, Valentin: Die Bronzezeit im schweizerischen Mitteland. Chronologie, S. 73–79, Basel 1986.

SANGMEISTER, Edward: Die Sonderstellung der schweizerischen Frühbronzezeit-Kultur. Helvetia Antiqua. Festschrift Emil Vogt, Band 17, S. 65–74, Zürich 1966

SIEGFRIED-WEISS, Anita / ZÜRCHER, Andreas: Die neolithische und bronzezeitliche Besiedlung im Kanton Zürich. Archäologie der Schweiz, Band 13, Heft 2, S. 47–66, Basel 1990

SITTERDING, Madeleine: Die bronzezeitliche Höhensiedlung von Waldi bei Toos. Bericht über die Ausgrabungen 1971–1972. Jahrbuch der Schweizerischen Gesellschaft für Ur- und Frühgeschichte, Band 58, S. 19–39, Basel 1975

SPECK, Josef: Pfahlbauten: Dichtung oder Wahrheit? Ein Querschnitt durch 125 Jahre Forschungsgeschichte. Helvetia Archaeologica, Jahrgang 12, Heft 45/48, S. 98–138, Zürich 1981

STÖCKLI, Werner E.: Geschichte des Neolithikums in der Schweiz. Aus: Die Schweiz vom Paläolithikum bis zum frühen Mittelalter. Vom Neandertaler bis zu Karl dem Großen, S. 19–52, Zürich 1995

STRAHM, Christian: Die frühe Bronzezeit im Mittelland und Jura. Aus: Ur- und frühgeschichtliche Archäologie der Schweiz, Band III, Die Bronzezeit, S. 5–26, Basel 1971

STRAHM, Christian: Der Übergang vom Spätneolithikum zur Frühbronzezeit in der Schweiz. Preistoria Alpina, Band 10, S. 21–42, Trento 1974

STRAHM, Christian: Siedlungsarchäologische Untersuchungen im Alpenvorland. Archäologische Nachrichten aus Baden, Heft 38/39, S. 4–10, Freiburg/Breisgau 1987

VOGT, Emil: Die Gliederung der schweizerischen Frühbronzezeit. Festschrift für Otto Tschumi, S. 53–69, Frauenfeld 1948

WINIGER, Josef / HASENFRATZ, Albin: Ufersiedlungen am Bodensee. Antiqua, Band 10, Basel 1985

WYSS, René: Die frühe Bronzezeit. Aus: DRACK, Walter (Herausgeber): Die Bronzezeit der Schweiz, Repertorium der Ur- und Frühgeschichte der Schweiz, S. 5–10, Zürich 1956

WYSS, René: Die Eroberung der Alpen durch den Bronzezeitmenschen. Zeitschrift für Schweizerische Archäologie und Kunstgeschichte, Band 28, S. 130–145, Zürich 1971

WYSS, René: Siedlungswesen und Verkehrswege. Aus: Ur- und frühgeschichtliche Archäologie der Schweiz, Band 3, Die Bronzezeit, S. 103–122, Zürich 1971

WYSS, René: Technik, Wirtschaft, Handel. Ur- und frühgeschichtliche Archäologie der Schweiz, Band 3, Die Bronzezeit, S. 123–144, Zürich 1971

Bildquellen

Klaus Benz, Fotograf, Mainz-Laubenheim: 63
Friederike Hilscher-Ehlert, Königswinter: 61
Reproduktion aus »Brehms Tierleben« (1927): 35
Reproduktionen eines Fotos aus dem Buch »Deutschland in der Bronzezeit« (1996) von Ernst Probst: 18 (Professor Dr. Christian Strahm, Albert-Ludwigs-Universität, Freiburg/Breisgau)
Reproduktion einer Karte aus dem Buch »Deutschland in der Bronzezeit" (1996) von Ernst Probst: 12 (Rainer Veit, Mainz, nach Albert Hafner: Die Frühe Bronzezeit in der Westschweiz. Befunde und Funde aus Siedlungen, Gräbern und Horten der entwickelten Frühbronzezeit. Seeufersiedlungen am Bieler See, Band 5, Bern 1995)
Reproduktionen von Zeichnungen aus dem Buch „Deutschland in der Bronzezeit« (1996) von Ernst Probst: 9 (Reproduktion aus Jorn Street-Jensen: Christian Jürgensen Thomsen und Ludwig Lindenschmit: Eine Gelehrtenkorrespondenz aus der Frühzeit der Altertumskunde (1853–1964), Mainz 1985), 28 (Reproduktion aus Karl Keller-Tarnuzzer: Arbon: Pfahlbau Bleiche, Jahrbuch der Schweizerischen Gesellschaft für Ur- und Frühgeschichte, Band 36, S. 19–26, Basel 1945)
Zeichnungen von Friederike Hilscher-Ehlert für das Buch »Deutschland in der Bronzezeit« (1996) von Ernst Probst: 1, 15, 23

Die wissenschaftliche Graphikerin Friederike Hilscher-Ehlert

Friederike Hilscher-Ehlert wurde am 13. Dezember 1946 in Hamburg geboren. Sie absolvierte eine Ausbildung sowie ein Studium in den Fächern Kostümbild und Bühnenbild. Danach war sie mehrere Jahre lang an der Bühne tätig. Auf dem zweiten Berufsweg wurde sie wissenschaftliche Graphikerin mit dem Schwerpunkt Archäologie und arbeitete am Rheinischen Landesmuseum Bonn. Ihre Fachgebiete waren Restaurierung, Archäo-Botanik, Wissenschafts-Publikationen, Amtshilfe bei externen Projekten und Ausstellungskonzeption. Mit Lebensbildern von Menschen aus vergangenen Zeiten machte sie sich bereits einen Namen, als solche Kunstwerke in ihrer Heimat noch Seltenheiten waren. Das erste Buch, in dem Zeichnungen von Friederike Hilscher-Ehlert abgebildet wurden, heißt »Report aus der Römerzeit« (1989). In den frühen 1990-er Jahren schuf sie zahlreiche Lebensbilder für das Buch »Deutschland in der Bronzezeit« (1996) des Wiesbadener Wissenschaftsautors Ernst Probst. Großformatige Lebensbilder aus ihrer Hand schmücken die Werke »Die Römer« (1999), »Die Steinzeitler« (2003), »Die Kelten" (2003) und »Die Franken« (2003) in der vom Rheinischen Landesmuseum Bonn herausgegebenen Reihe »Lebendige Vergangenheit«. Im Geleitwort schrieb Professor Dr. Hans-Eckart Joachim: »Die Zeichnerin Friederike Hilscher-Ehlert verbindet wissenschaftlich abgesicherte, akribische Prägnanz mit virtuosem unverkennbaren Personalstil, der der Phantasie und Entdeckerfreude Raum lässt. So entstehen Bilder, in denen uns Menschen und Menschengemachtes der Vergangenheit entgegentreten, längst verwischte Spuren sichtbar werden.« Zeichnungen von ihr erschienen außer in Büchern auch in wissenschaftlichen Zeitschriften und man sah sie in Ausstellungen von Museen oder auf zahlreichen farbprächtigen Ansichtskarten. Friederike Hilscher-Ehlert betont: »Archäologische Illustration ist heute in keinem Museum und in keiner fundierten Fachpublikation mehr entbehrlich. Es ist mir eine Freude Wegbereiterin dieser Art Graphik in Deutschland gewesen zu sein.«

Der Autor Ernst Probst

Ernst Probst, geboren am 20. Januar 1946 in Neunburg vorm Wald im bayerischen Regierungsbezirk Oberpfalz, ist Journalist und Wissenschaftsautor. Er arbeitete von 1968 bis 1971 als Redakteur bei den »Nürnberger Nachrichten«, von 1971 bis 1973 in der Zentralredaktion des »Ring Nordbayerischer Tageszeitungen« in Bayreuth und von 1973 bis 2001 bei der »Allgemeinen Zeitung«, Mainz. In seiner Freizeit schrieb er Artikel für die »Frankfurter Allgemeine Zeitung«, »Süddeutsche Zeitung«, »Die Welt«, »Frankfurter Rundschau«, »Neue Zürcher Zeitung«, »Tages-Anzeiger«, Zürich, »Salzburger Nachrichten«, »Die Zeit«, »Rheinischer Merkur«, »Deutsches Allgemeines Sonntagsblatt«, »bild der wissenschaft«, »kosmos«, »Deutsche Presse-

Agentur« (dpa), »Associated Press« (AP) und den »Deutschen Forschungsdienst« (df). Aus seiner Feder stammen die Bücher »Deutschland in der Urzeit« (1986), »Deutschland in der Steinzeit« (1991), »Rekorde der Urzeit« (1992), »Dinosaurier in Deutschland« (1993 zusammen mit Raymund Windolf) und »Deutschland in der Bronzezeit« (1996). Von 2001 bis 2006 betätigte sich Ernst Probst als Buchverleger sowie zeitweise als internationaler Fossilienhändler und Antiquitätenhändler. Insgesamt veröffentlichte er mehr als 100 Bücher, Taschenbücher, Broschüren und E-Books.

Bücher von Ernst Probst

Affenmenschen
Von Bigfoot bis zum Yeti

Annie Oakley
Die Meisterschützin des Wilden Westens

Archaeopteryx. Der Urvogel aus Bayern

Christl-Marie Schultes. Die erste Fliegerin in Bayern
(zusammen mit Theo Lederer)

Cortés und Malinche. Der spanische Eroberer
und seine indianische Geliebte

Das Dinotherium-Museum Eppelsheim
Führer durch die Ausstellung
(zusammen mit Dr. Jens Lorenz Franzen
und Heiner Roos)

Der Europäische Jaguar

Der Mosbacher Löwe
Die riesige Raubkatze aus Wiesbaden

Der Rhein-Elefant
Das Schreckenstier von Eppelsheim

Der Schwarze Peter
Ein Räuber im Hunsrück und Odenwald

Der Ur-Rhein
Rheinhessen vor zehn Millionen Jahren

Deutschland im Eiszeitalter

Deutschland in der Frühbronzezeit

Deutschland in der Mittelbronzezeit

Deutschland in der Spätbronzezeit

Die Dolchzahnkatze *Megantereon*

Die Bronzezeit

Die Aunjetitzer Kultur in Deutschland

Die Straubinger Kultur in Deutschland

Die Adlerberg-Kultur

Die nordische Bronzezeit in Deutschland

Die Hügelgräber-Kultur in Deutschland

Die Lüneburger Gruppe in der Bronzezeit

Die Stader Gruppe in der Bronzezeit

Die Urnenfelder-Kultur in Deutschland

Die Lausitzer Kultur in Deutschland

Die Schweiz in der Frühbronzezeit

Die Schweiz in der Mittelbronzezeit

Die Schweiz in der Spätbronzezeit

Die Dolchzahnkatze *Smilodon*

Die Säbelzahnkatze *Machairodus*

Die Säbelzahnkatze *Homotherium*

Dinosaurier in Deutschland. Vom *Efraasia* bis zu *Sellosaurus*

Dinosaurier von A bis K. Von *Abelisaurus* bis zu *Kritosaurus*

Dinosaurier von L bis Z. Von *Labocania* bis zu *Zupaysaurus*

Eiszeitliche Geparde in Deutschland

Eiszeitliche Leoparden in Deutschland

Frauen im Weltall

Höhlenlöwen. Raubkatzen im Eiszeitalter

Johann Jakob Kaup
Der große Naturforscher aus Darmstadt

Julchen Blasius.
Die Räuberbraut des Schinderhannes

Königinnen der Lüfte in Deutschland

Königinnen der Lüfte in England, Australien und Neuseeland

Königinnen der Lüfte in Frankreich

Königinnen der Lüfte in Europa

Königinnen der Lüfte in Amerika

Königinnen der Lüfte von A bis Z

Königinnen des Tanzes

Malende Superfrauen

Meine Worte sind wie die Sterne
Die Entstehung der Rede des Häuptlings Seattle
(zusammen mit Sonja Probst)

Monstern auf der Spur
Wie die Sagen über Drachen, Riesen
und Einhörner entstanden

Österreich in der Frühbronzezeit

Österreich in der Mittelbronzezeit

Österreich in der Spätbronzezeit

Pompadour und Dubarry. Die Mätressen
von Louis XV.

Raub-Dinosaurier von A bis Z
Mit Zeichnungen von Dmitry Bogdanav
und Nobu Tamura

Rekorde der Urmenschen
Erfindungen, Kunst und Religion

Rekorde der Urzeit
Landschaften, Pflanzen und Tiere

Säbelzahnkatzen. Von *Machairodus* bis zu *Smilodon*

Säbelzahntiger am Ur-Rhein. *Machairodus*
und *Paramachairodus*

Seeungeheuer
Von Nessie bis zum Zuiyo-maru-Monster

Superfrauen aus dem Wilden Westen

Superfrauen 1 – Geschichte

Superfrauen 2 – Religion

Superfrauen 3 – Politik

Superfrauen 4 – Wirtschaft und Verkehr

Superfrauen 5 – Wissenschaft

Superfrauen 6 – Medizin

Superfrauen 7 – Film und Theater

Superfrauen 8 – Literatur

Superfrauen 9 – Malerei und Fotografie

Superfrauen 10 – Musik und Tanz

Superfrauen 11 – Feminismus und Familie

Superfrauen 12 – Sport

Superfrauen 13 – Mode und Kosmetik

Superfrauen 14 – Medien und Astrologie

Tony und Bruno Werntgen. Zwei Leben
für die Luftfahrt (zusammen mit Paul Wirtz)

Zenobia von Palmyra. Eine Frau kämpft
gegen die Römer

Bestellungen bei: http://www.grin.com